3D PHANTASIEN

NEUE FASZINIERENDE ILLUSIONSBILDER

T|A|N|D|E|M

Künstler - Seiten

Kan Dava - 12,13,14,38,39
Ma-mi Dava - 30,31,35
Senei Karino - 32,33,34
Eiichi Misaka - 40,41,42
Shiro Nakayama - 8,9,18,19,20,21
Kurima Numata - 36,37
OSO - 6,7,10,11,16,22,23
Maki Takiya - 15,28,29,43,44,45
Kengo Tsukasaki - 24,25,26,27
Kozo Ueda - 17,46,47

Umschlaggestaltung:
Sabine Lucht, Essen

↑↑ Paralleltechnik

✕ Schieltechnik

3D PHANTASIEN

Originaltitel: 3D WONDERLAND

Gesamtherstellung:
TANDEM VERLAG

ISBN: 3-930-882-99X

Einleitung und Anleitung

Schlüssel zum dreidimensionalen Sehen mit bloßem Auge

Wenn Sie diese Anleitungen gelesen haben, können die meisten von Ihnen durch die Anwendung der im folgenden erläuterten Blicktechniken die faszinierenden 3-D-Bilder wahrnehmen.

Ohne diese Blicktechniken kommt der Betrachter nicht in den Genuß, die ungemein spannenden neuen stereoskopischen Grafikbilder zu sehen. Meist erfordert es etwas Übung und Geduld, aber der Aufwand lohnt sich!

Die dreidimensionalen Bilder (Stereogramme) sind mit Hilfe zweier Methoden zu betrachten: mit der »Parallel-« und mit der »Schieltechnik«. Jedes Bild ist mit einem Symbol versehen. Es zeigt an, welche Blicktechnik Sie jeweils anwenden sollten.

I. Die Paralleltechnik

Wenn ein menschliches Augenpaar einen Gegenstand aus der Nähe ansieht, kreuzen sich die Blickrichtungen beider Augen. Dieses Phänomen beruht auf der Fähigkeit des menschlichen Gehirns, Entfernungen mittels zweier Fixpunkte zu bestimmen, nämlich mit den Augen. Je weiter Sie diese Vorlage von sich entfernt halten, umso mehr stellen sich Ihre Augen parallel.

Das Sehen mit der Paralleltechnik ist einer Schaltung vergleichbar, die Ihr Gehirn zur dreidimensionalen Wahrnehmung »überlistet«, wenn Sie einen entfernten Gegenstand anvisieren und dabei gleichzeitig das Bild nahe vor sich haben.

Anwendung der Paralleltechnik

Anleitung zur Paralleltechnik

1. Atmen Sie gut durch und halten Sie Ihre Augenmuskeln entspannt.

2. Wählen Sie einen entfernten Gegenstand aus und visieren Sie ihn an.

3. Bringen Sie langsam das 3-D-Bild in Augenhöhe, doch behalten Sie weiterhin den entfernten Gegenstand im Blickfeld. Damit soll erreicht werden, daß Sie durch das 3-D-Bild »hindurchblicken«, indem Sie sich auf ein Objekt in der Ferne konzentrieren. Das mag etwas Zeit beanspruchen, wenn Sie diese Übung zum ersten Mal durchführen.

4. Die zwei Punkte oberhalb der Abbildungen sollen Ihnen dabei helfen. Wenn Sie auf das Bild starren, ohne es richtig anzublicken, erscheinen die zwei Punkte als vier Punkte. Dies erklärt sich aus der Tatsache, daß Ihre Augen die Punkte verschwommen wahrnehmen und jedes Auge doppelt sieht.

5. Von den vier Punkten sollten sich die zwei inneren überlagern. Konzentrieren Sie sich nun auf die zwei inneren Punkte, bis sie zu einem Punkt verschmolzen sind.

6. Wenn aus den zwei Punkten einer geworden ist, richten Sie Ihren Blick darauf. Das Bild erscheint jetzt dreidimensional!

In der Paralleltechnik befindet sich die Abbildung für das rechte Auge auf der rechten Seite und entsprechend die Abbildung für das linke Auge auf der linken Seite des Bildes.

Wenn die Blickrichtungen für das linke sowie für das rechte Auge geradeaus verlaufen, erscheint das Bild dreidimensional. Es ist daher nicht möglich, die Information im Bild für beide Blickrichtungen über einen bestimmten Abstand hinaus voneinander entfernt zu plazieren. Dieser Abstand beträgt meist etwa 7 cm.

II. Die Schieltechnik

Die Schieltechnik stellt die Umkehrung der Paralleltechnik dar. Zunächst muß der Betrachter seinen Blick auf einen Punkt richten, der sich vor dem Bild befindet, um seine Augen in eine schielende Position zu bringen. Mit dieser Methode zielt die Blickrichtung des linken Auges auf die Abbildung, die sich auf der rechten Seite des Bildes befindet, und umgekehrt.

Während in der Paralleltechnik die parallele Augenstellung auf etwas Entferntes zielt, wird in der Schieltechnik die sich kreuzende Augenstellung dazu verwendet, etwas aus nächster Nähe zu betrachten. Ihre Augenstellung sollte so verlaufen, als würden Sie etwas aus der Nähe sehen, während Sie Ihre Aufmerksamkeit auf etwas Entfernteres richten.

Anleitung zur Schieltechnik

1. Halten Sie Ihren Zeigefinger zwischen die Augen und starren Sie darauf, bis Sie schielen. Damit soll erreicht werden, daß Sie Ihre Augen auf einen Punkt fixieren, der vor dem Bild liegt.

2. Behalten Sie Ihren Zeigefinger weiterhin im Blickfeld und sehen Sie dabei auf das Bild. Ebenso wie bei der Paralleltechnik sollten nun vier Punkte erscheinen.

3. Bewegen Sie nun Ihren Zeigefinger vor und zurück, bis die zwei inneren Punkte zu einem verschmelzen. (Dies dürfte sehr viel leichter als mit der Paralleltechnik gelingen.)

4. Von den jetzt noch wahrgenommenen drei Punkten konzentrieren Sie sich auf den mittleren Punkt. Wichtig dabei ist, daß Sie Ihre Augen in der schielenden Stellung behalten, aber gleichzeitig etwas aus der Ferne betrachten.

5. Auch hier gilt das gleiche wie bei der vorhergehenden Technik: Sie erfordert Zeit und Geduld, doch nach einiger Übung sollten sich Ihnen die wunderbaren Effekte des stereoskopischen Sehens erschließen!

Mit der Schieltechnik erscheinen die Stereogramme kleiner als in der normalen Sehweise. So können auch großformatige Abbildungen gut »durchblickt« werden.

Die Bildinformation auf der rechten Seite wird mit dem linken Auge, die Bildinformation auf der linken Seite mit dem rechten Auge gesehen. Daraus ergibt sich zusätzlich eine größere Flexibilität des Betrachters, was den einzuhaltenden Abstand bei der Entschlüsselung der Bildinformation betrifft. Ein großes 3-D-Poster kann auch dann noch gesehen werden, wenn Sie in einer etwas weiteren Entfernung von der Wand stehen.

Anwendung der Schieltechnik

MULTIFOKUS-STEREOGRAMME

Bei diesen Stereogrammen spielt es keine Rolle, welche Blicktechnik Sie anwenden; sie werden daher auch »Zufallspunkt-Stereogramme« genannt. Sie können die Fixpunkte zusammenführen und dabei stets ein dreidimensionales Bild entstehen lassen. Sie können auch versuchen, verschiedene Punkte zusammenzubringen, und werden dabei immer noch eine Tiefenwirkung erzielen. Bei der Paralleltechnik konzentriert sich der Blick auf einen Punkt hinter dem Bild. Richten Sie hingegen bei der Schieltechnik den Blick zwischen sich und das Bild. Dann lassen Sie die Abbildungen ineinander übergehen.

Sternenmeer von OSO

Der Himmel ist mit Sternen übersät! Dieses Bild enthält zwei Arten von Sternen in sechs verschiedenen Farben. Bei stereoskopischer Betrachtung ergeben sich 78 Farb- und Formkombinationen, von denen 66 wiederum untereinander variieren. Sehen Sie nur, wie die Sterne leuchten!

Schleppnetz von OSO

Dieses Netz gleicht einem Trugbild, das beim Hinsehen verschwindet.
(Aufgrund der zahlreich vorhandenen Fixpunkte macht die Anwendung der Schieltechnik bei diesem Bild besonderen Spaß.)

MOSAIK-STEREOGRAMME

Diese beiden Mosaik-Motive basieren auf dem gleichen Prinzip wie die Zufallspunkt-Stereogramme. Allerdings werden hier nicht nur die unterschiedlichen Blickrichtungen nutzbar gemacht, sondern auch Komplementärfarben verwendet, um eine besonders harmonische dreidimensionale Wirkung zu erzielen.

↑↑

Fünf Oktaeder von Shiro Nakayama

Faszinierende Einblicke in dreidimensionale Geometrie.

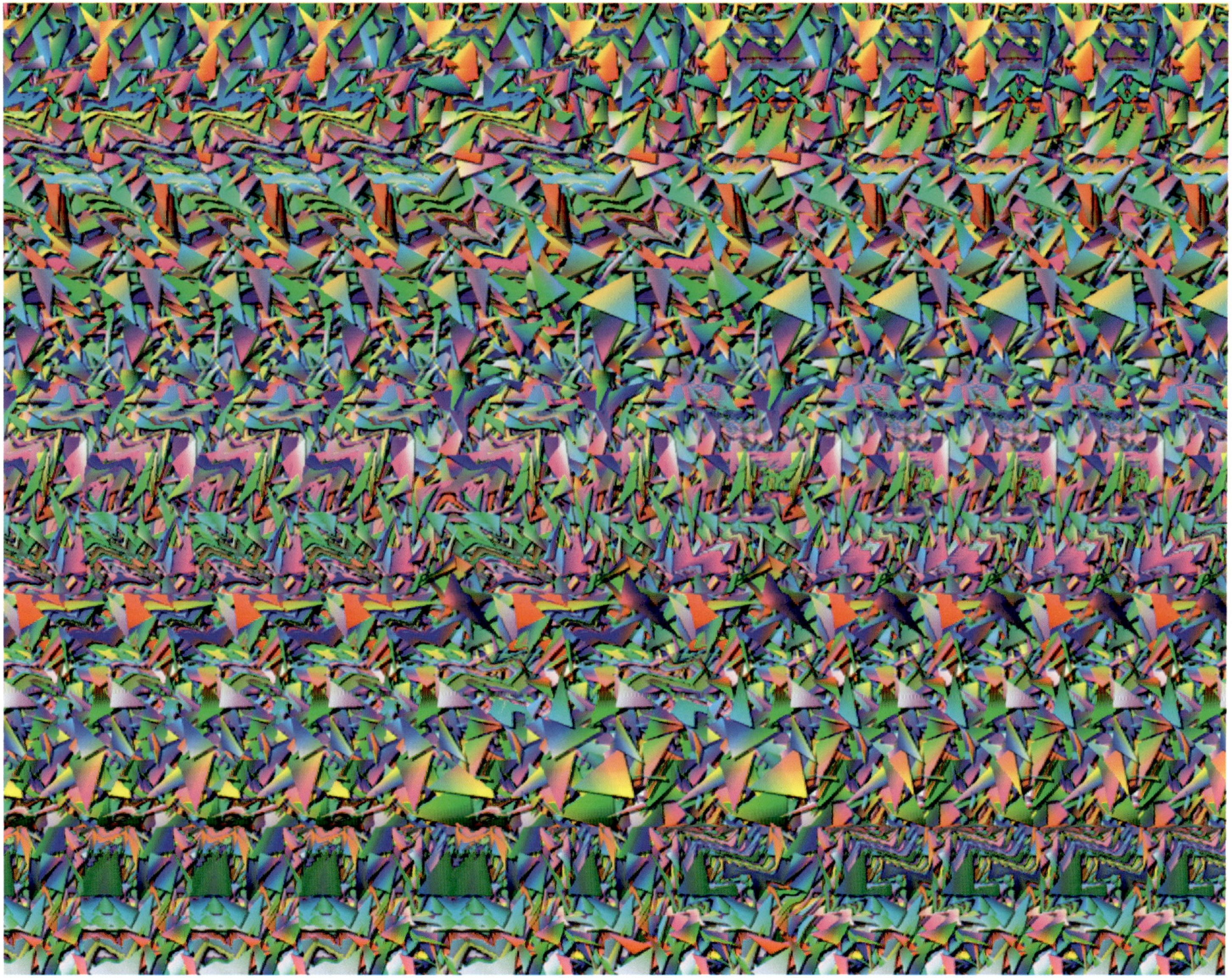

Doppelhelix von Shiro Nakayama

Die Doppelhelix der Desoxyribonukleinsäure (DNS).

FARBFELD-STEREOGRAMME

Diese Stereogramme reichen über den schwarzweißen Zufallspunkt-Stil hinaus. Sie verbinden Licht, Dunkel und Farben zu einer wundervollen Wechselwirkung voll innerer Spannung und Symmetrie. Die vorliegenden Motive sind der Serie »Dreidimensionale Wandverkleidungen« entnommen.

Objekte in der Kuppel von OSO

Eine dreidimensionale Grafik, in der das Unsichtbare sichtbar gemacht wird.

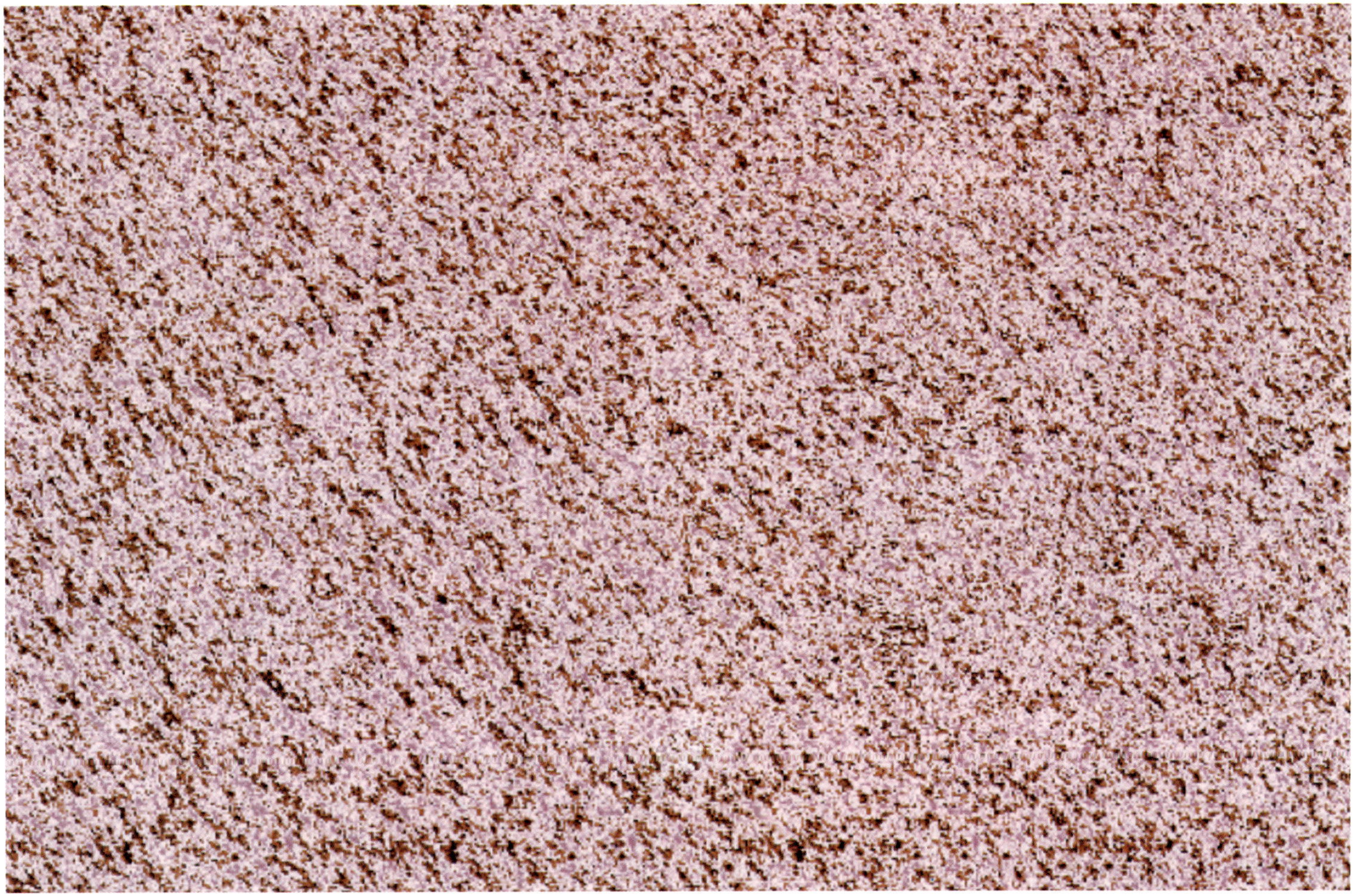

↑↑

Blick durch den Tunnel von OSO

Lassen Sie sich Zeit bei der Betrachtung dieses Bildes, bis sich langsam eine Tiefenwirkung einstellt. Vor Ihren Augen entsteht ein Strudel, der Sie mitzureißen scheint und den Sie bis zum anderen Ende des Bildes sehen können. Je weiter sich die Oberfläche des Bildes entfernt, umso schwieriger wird es, den Tunnelausgang zu erblicken.

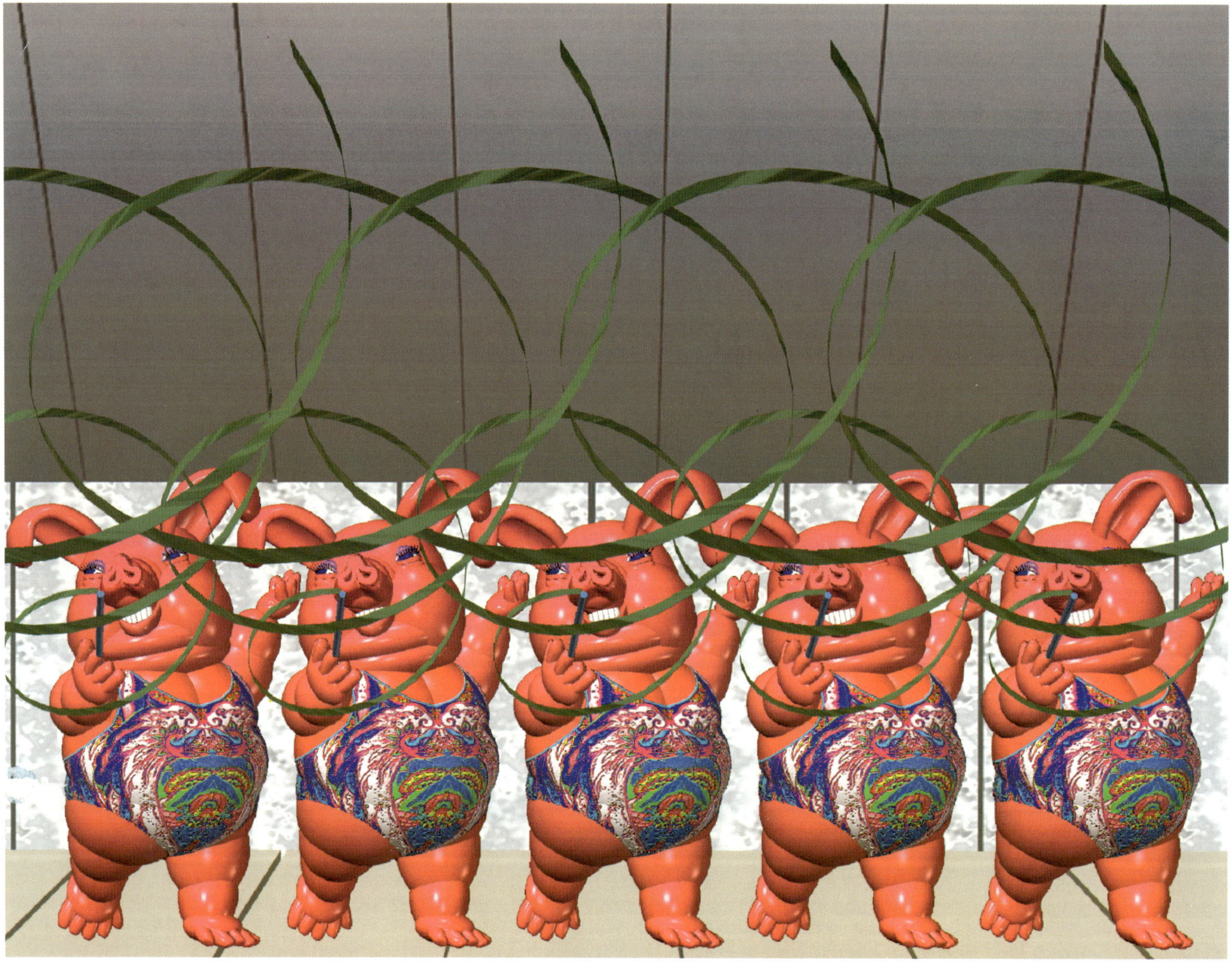

STEREOTAPETEN

Die Motive auf den Tapeten scheinen sich bloß zu wiederholen. Doch langsam gewinnen Sie den Eindruck von Tiefe und können das Muster und den Raum dreidimensional durchdringen. Um weitere Effekte zu erzielen, bringen Sie Ihre Augen stärker zum Schielen.

Gymnastik-Revue von Kan Dava

Wieviele Turner können Sie entdecken?

Die Mega-Horror-Story von Kan Dava

Nähern Sie sich dem Bild, so weit es Ihre Nerven zulassen. Je weiter entfernt Sie das Bild halten, umso länger werden die Messer.

COMPUTER-STEREOBILDPAARE

Nehmen Sie die zweidimensionalen Bilder und führen Sie beide zusammen. 3DCG's (dreidimensionale Computergrafiken) enthalten im Gegensatz zu Stereofotografien keine Parallaxe. Daher treten die Details deutlicher hervor und die Szene erscheint realistischer. Zudem vermitteln diese Bilder ein Gefühl von Geschlossenheit.

Escher und der Himmel von Kan Dava

In der Verbindung von authentischen Gestalten und einem künstlichen Himmel wird Ihnen ein Eindruck von Eschers Arbeiten vermittelt. Sehen Sie mit den Augen eines Engels.

Hahn von Maki Takiya

Die Farben geben diesem Stereobildpaar eine Tiefenwirkung. Dieser Effekt wurde durch das Programm »P3D« erzielt. Beim Originalwerk handelt es sich um eine Glasmalerei.

FOTOSTEREOGRAMM

Bei dieser Technik werden mit Spezialobjektiven hergestellte Fotografien mit dem Raster der Zufallspunkte unterlegt. In 3-D erscheint das Motiv wie ein gebogener Kamm in leichter Innenwölbung.

↑↑

Sphärischer Nebel von OSO

In den weichen Blütenblättern erleben Sie eine abgeschlossene Sphäre. Sie taucht in der äußerst zarten Struktur auf, wobei die Umrißlinie des stereoskopischen Bildes im Nebel zu verschwinden scheint. (Foto von Fukuzaburo Hamada)

STEREOFOTOGRAFIEN

Der Abstand zwischen den Kameras für das Stereobildpaar (zwei konvergierende Fotografien) ändert sich je nach der Entfernung, von der aus der Gegenstand aufgenommen worden ist. In diesem Fall wurde ein speziell für Stereofotografie ausgerüstetes Flugzeug benutzt.

Die wuchernde Stadt I von Kozo Ueda

Dieses Ansicht kann nicht mit bloßem Auge gesehen werden.
(Das obere Viertel von Shinjuku, Tokio.)

Die wuchernde Stadt II von Kozo Ueda

Luftaufnahme eines Miniaturgartens.
(Ueno Park, Tokio.)

TIERE

Teddybär von Shiro Nakayama

Bärenkopf.

Kaninchen von Shiro Nakayama

Kaninchenkopf.

Elefant von Shiro Nakayama

Seitenansicht eines Elefanten.

Stegosaurus von Shiro Nakayama

Ein Stegosaurus in voller Lebensgröße.

GEOMETRISCHE 3-D-BILDER

Zylindrische Höhle von OSO

Wuchtige Säulen, kaltes Wasser und die Felsen eines Bergbachs.

Hyperbolische Säulen von OSO

Fühlen Sie die kegelförmigen Erhebungen, wie sie an den Felswänden vorbeiwirbeln.
(Foto von Fukuzaburo Hamada)

DIE VIER JAHRESZEITEN

Frühling von Kengo Tsukasaki

Hinter den fallenden Kirschblüten eröffnet sich Ihnen der Frühlingshimmel.

Sommer von Kengo Tsukasaki

Sommerregen von oben betrachtet.

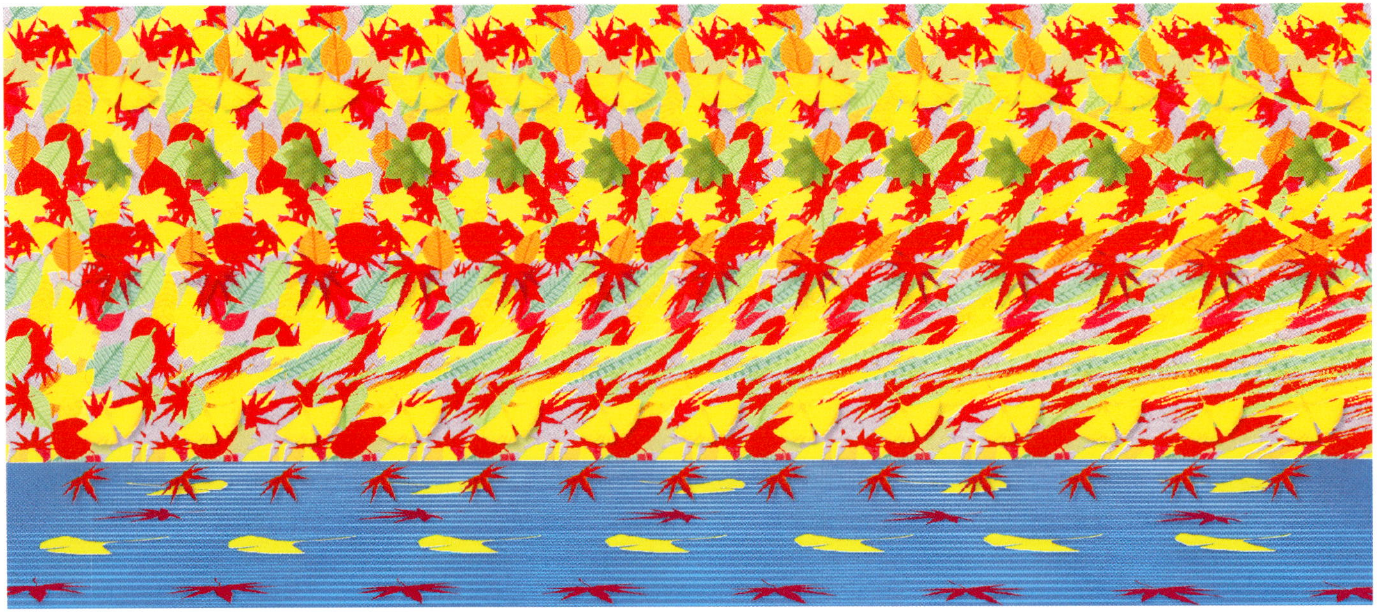

↑↑

Herbst von Kengo Tsukasaki

Berge bunter Blätter fallen lautlos auf die Erde.

Winter von Kengo Tsukasaki

Kristallenen Elfen gleich fällt der Schnee vom Himmel. Fangen Sie ihn mit den Händen auf, und er verschwindet.

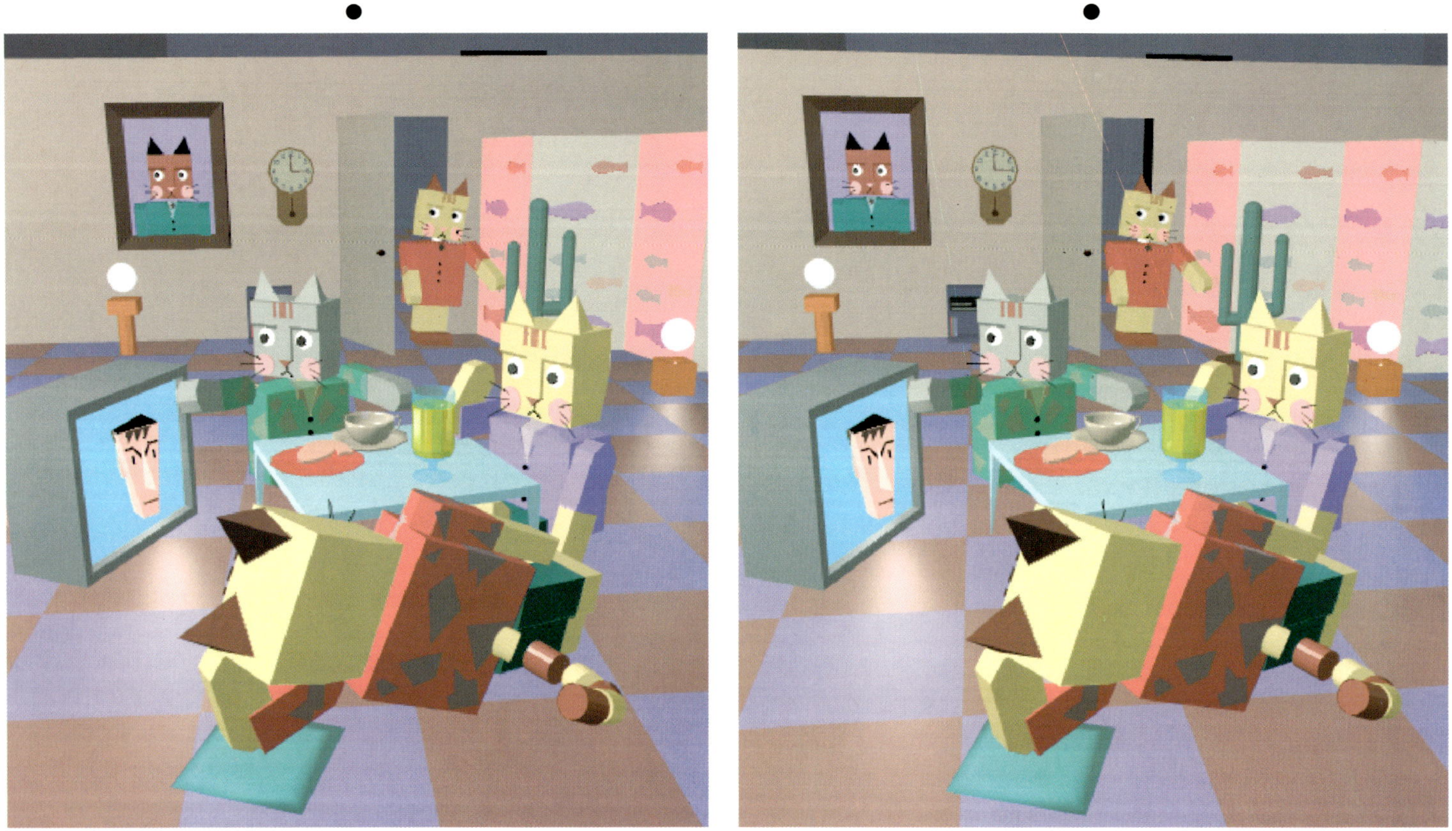

DAS SPIELZIMMER VON KOKO, DER KATZE

Sommerfreuden in meinem Heim
von Maki Takiya

Bei stereoskopischer Betrachtung erscheint das Zimmer größer.
Schauen Sie auf den Mann im Fernsehen.

Schrimm-Schramm-Schrumm von Maki Takiya

Die Katze im Spielzeugparadies.

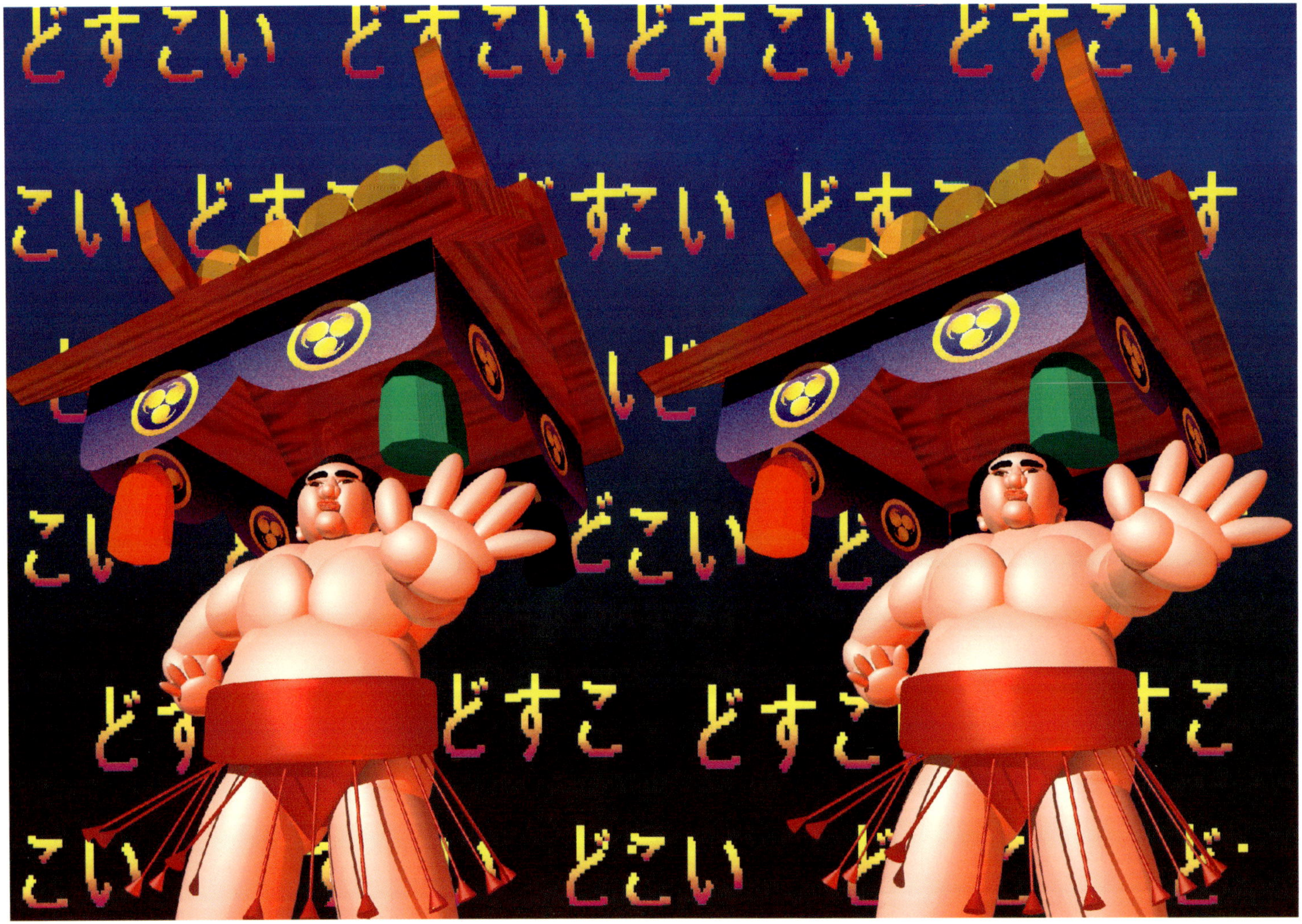

SUMO-RINGER

Dosukoi von Ma-mi Dava

Eine 3DCG (Computergrafik) eines Ringers. Wenn sich das dreidimensionale Bild einstellt, wird der Raum lebendig.

Der große Kampf: Wer hat gewonnen?
von Ma-mi Dava

Wer gesiegt hat, finden Sie beim Stereosehen heraus.
(Der Ringer, der zuerst den Boden berührt, hat verloren.)

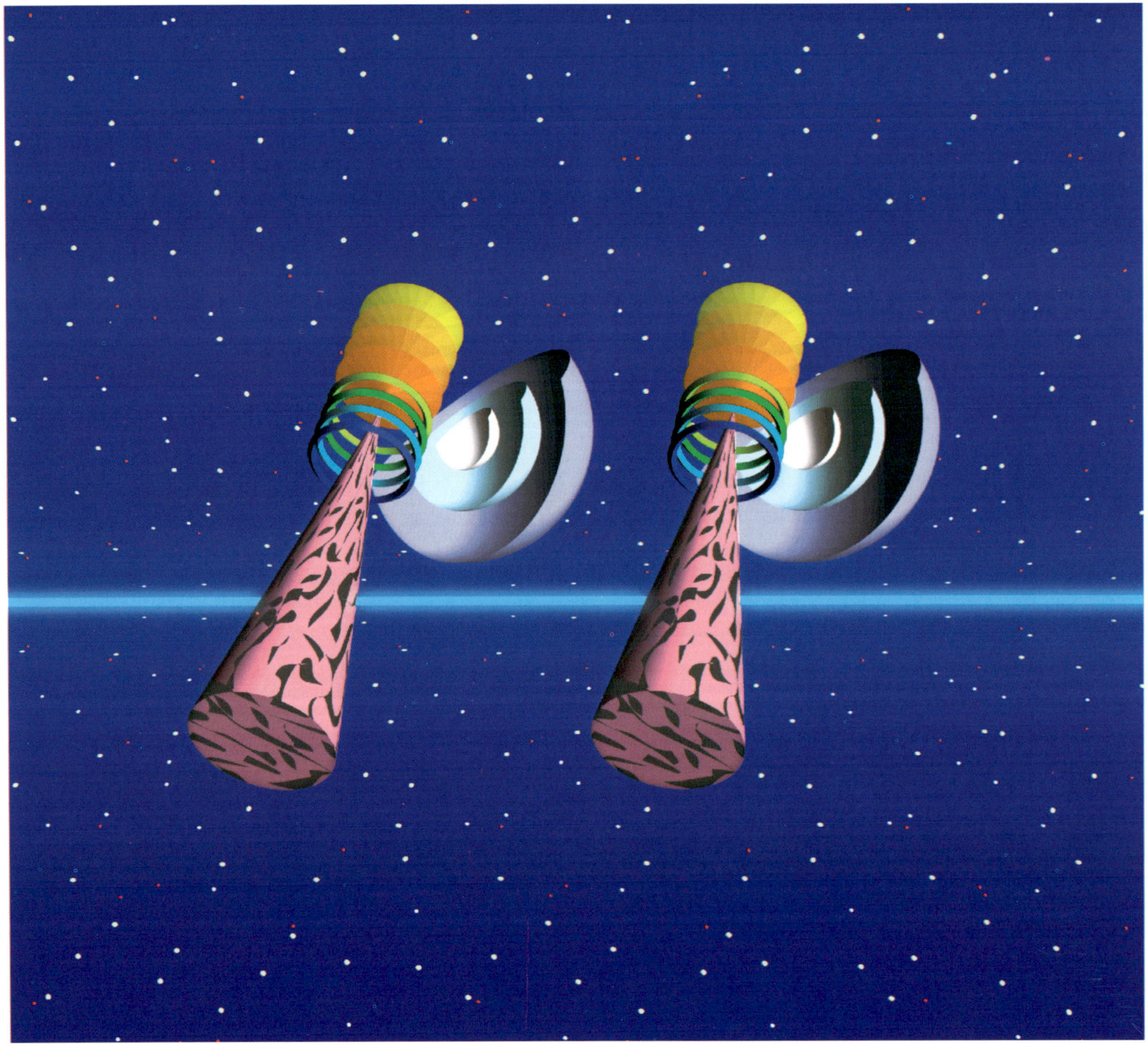

FLIEGENDE BUCHSTABEN

P von Senei Karino

Buchstaben fliegen durch das Weltall.

Q von Senei Karino

Buchstaben in einem Phantasie-Universum.

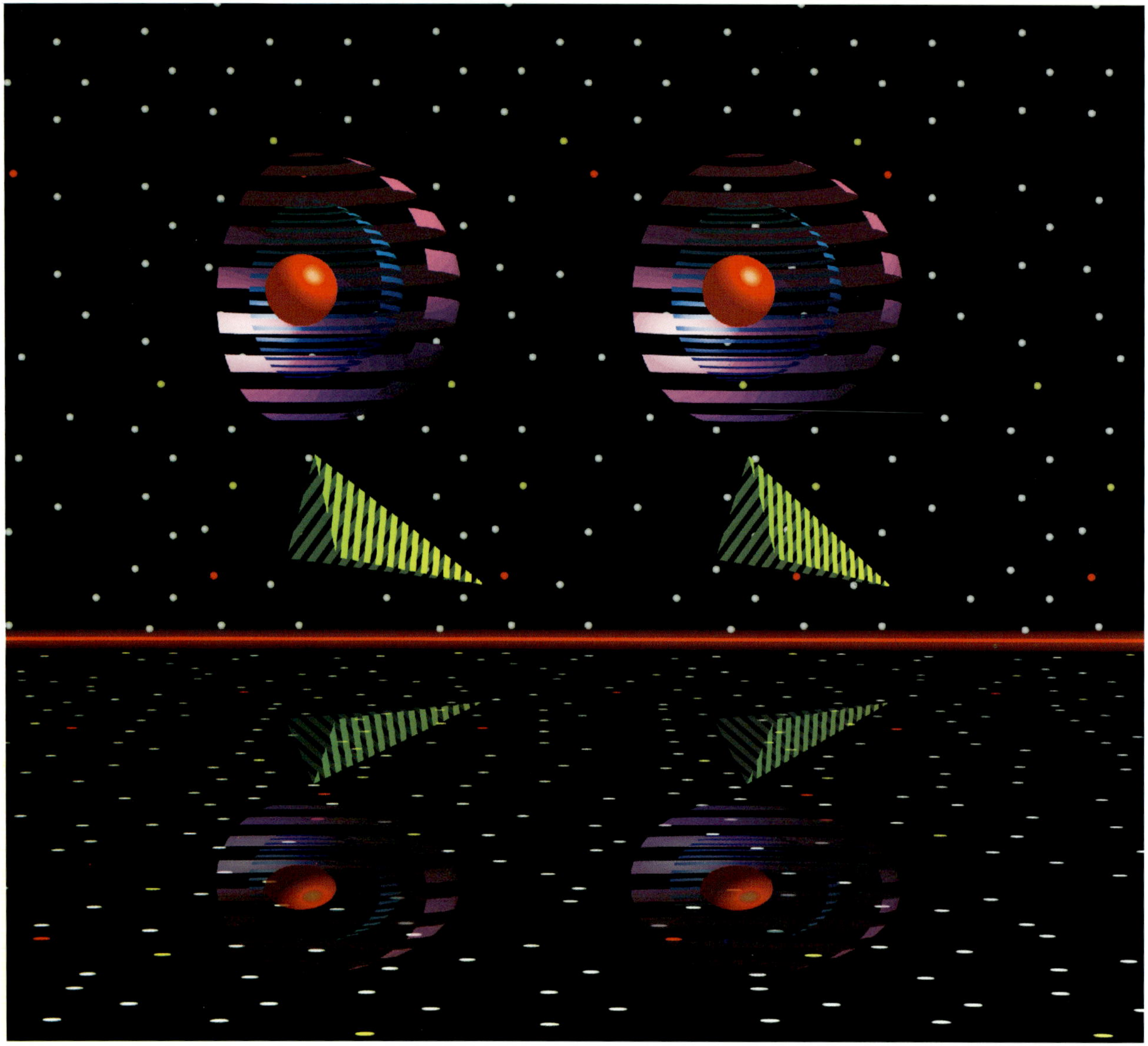

R von Senei Karino

Unheimliche Reflexion der dritten Art -
hier handelt es sich um keine Wasser- oder Spiegelreflexion!

Tanzende Buchstaben von Ma-mi Dava

Dieses Bild kann auch für sich gesehen als eigenständiges Kunstwerk betrachtet werden. Wenn Sie das Stereosehen anwenden, kommen Ihnen die Objekte aus dem Gemälde entgegen.

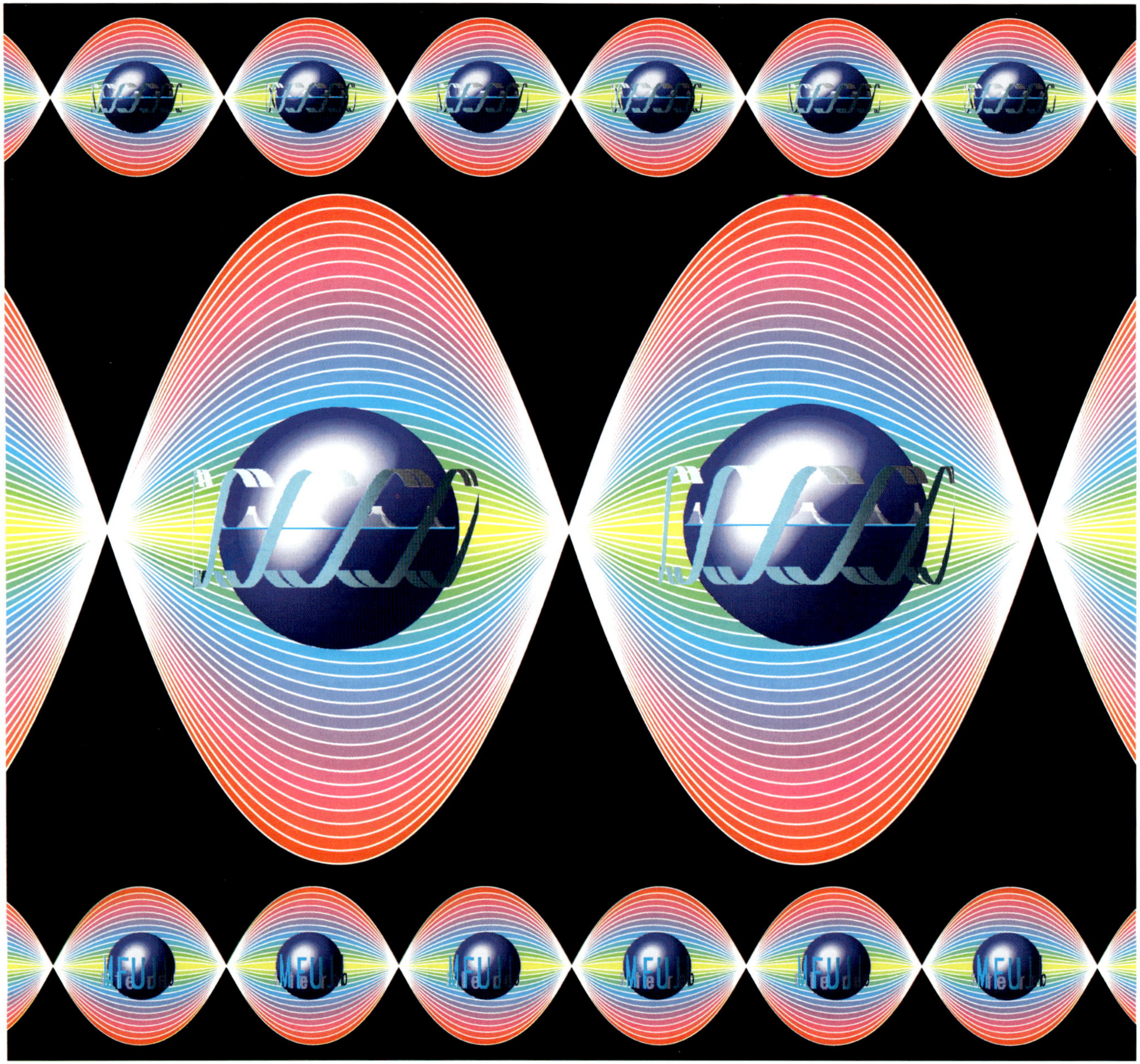

SCHWIMMENDE BUCHSTABEN

sMtFeUrJeIo von Kurima Numata

Der Fujiyama in einer Welle. Eine Grafik in typisch japanischer Manier.

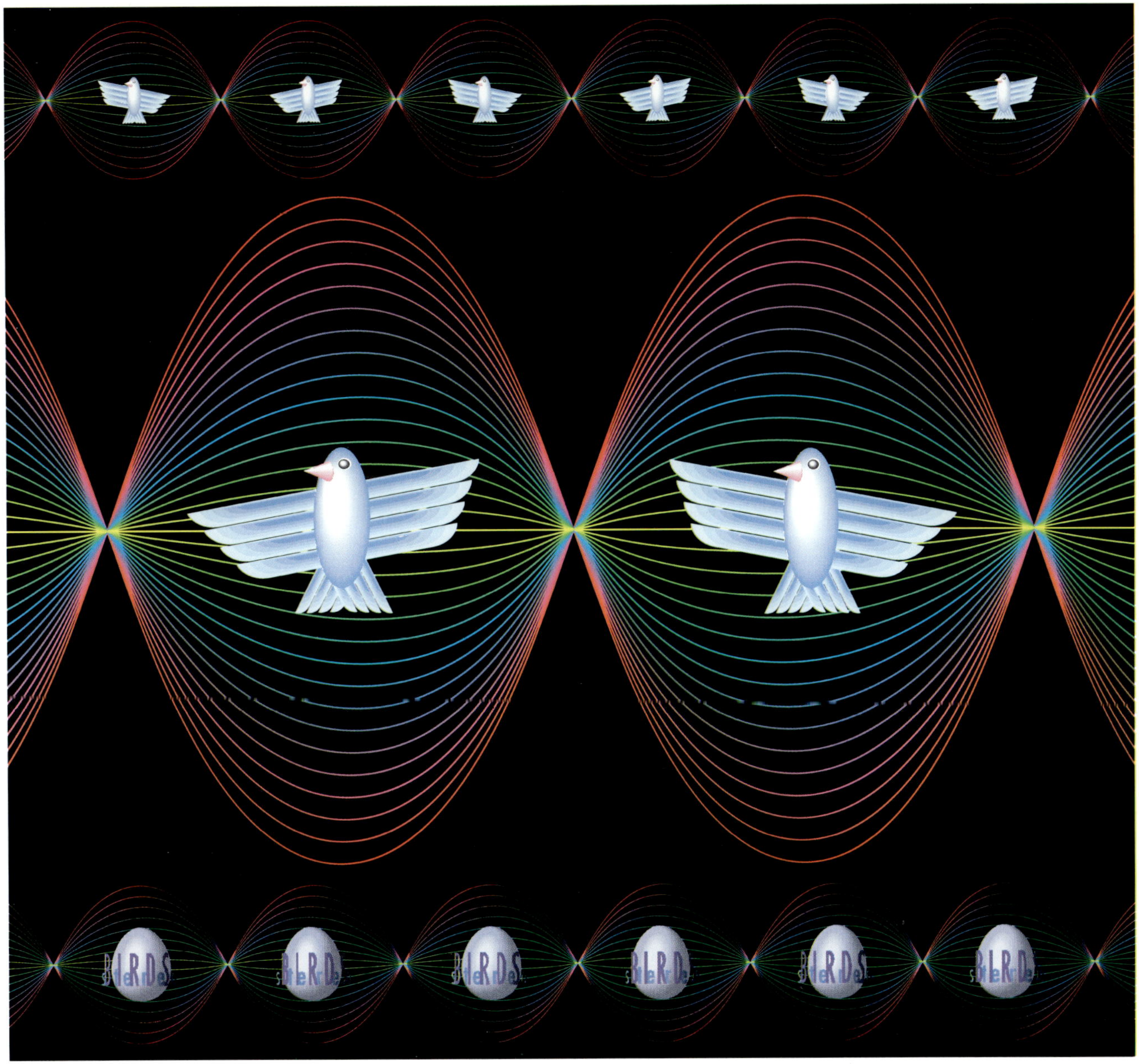

sBtIeRrDeSo von Kurima Numata

Bei stereoskopischer Betrachtung scheinen die Flügel zu flattern. Ein seltsamer Vogel...

GEFAHR IM VERZUG

Angriff der Bienen von Kan Dava

Man glaubt beinahe das Surren der Flügel zu hören. Welch ein juckendes, unangenehmes Gefühl!

Gerettet oder gefressen? von Kan Dava

Ein Engel wird von einem furchterregenden Dinosaurier gejagt. Kann er dem sperrangelweit aufgerissenen Rachen des Ungeheuers entkommen?

KURZ UND SCHMERZLOS

Für Leute mit Ängsten von Eiichi Misaka

Ein Fisch (Mambo) schwimmt in einer Halbkugel aus Wasser, während sich Ketten um ihn legen.

Für Leute, die sich aus schlechtem Gewissen selbst geißeln von Eiichi Misaka

Ein Eichhörnchen, das rote Herzen gesammelt hat, bleibt in einem Dickicht voller schmerzhafter Dornen hängen.

Für Liebhaber roter Rosen von Eiichi Misaka

Eine einfache Computergrafik. Jede zweite Rose bildet ein Stereobildpaar.

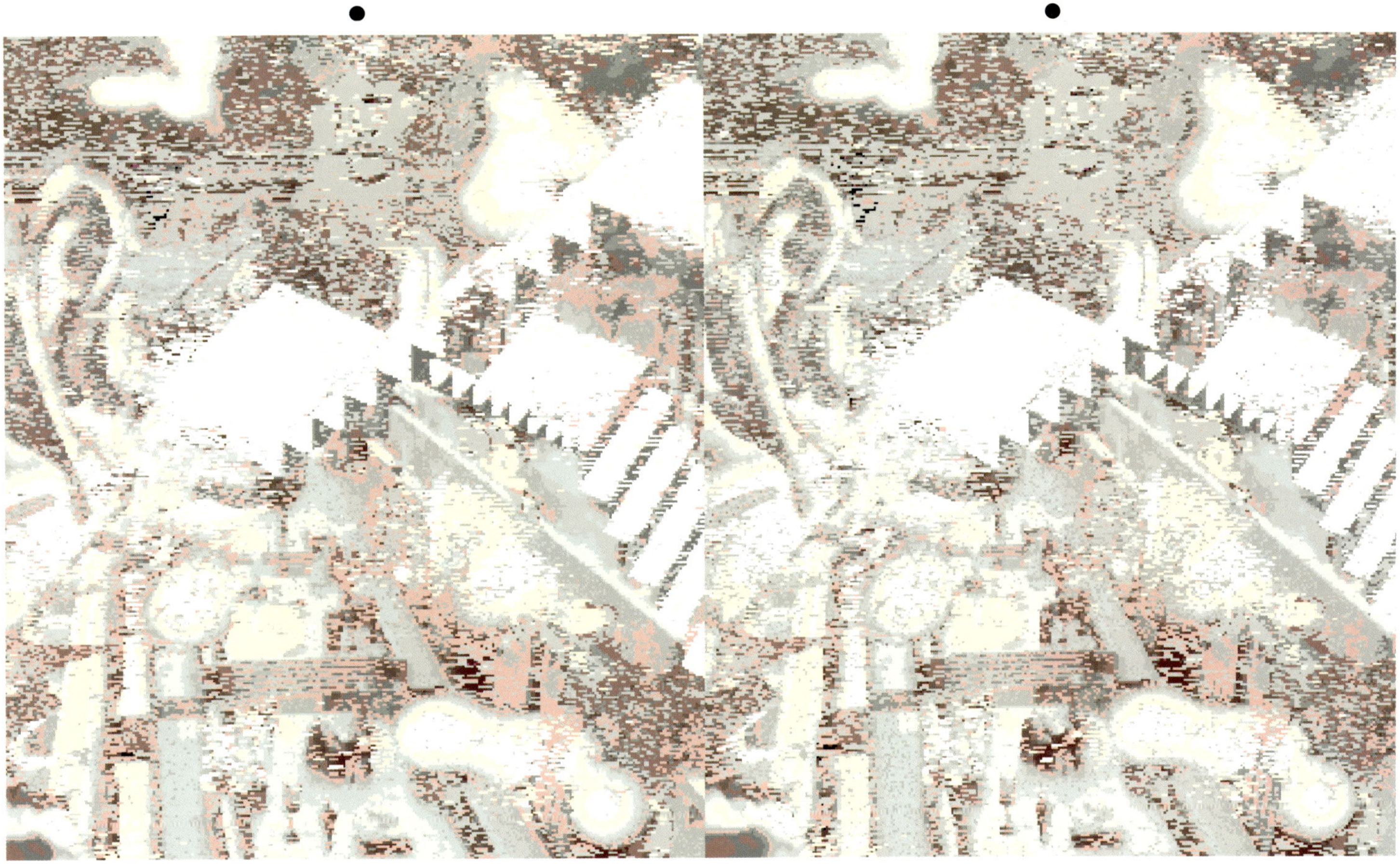

COMPUTER-GLASMALEREI

Treppen von Maki Takiya

Die Farben scheinen auf diesen besonders verarbeiteten Stereogrammen auf der Oberfläche zu schweben. Beim Stereosehen bekommen Sie ein vollkommen anderes Gefühl von Tiefe.

Ball von Maki Takiya

Es mutet etwas eigenartig an, wenn sich die Dreidimensionalität in den lichten und dunklen Bereichen (außer im Ball) einstellt.

Hand von Maki Takiya

Diese Fotografie wurde durch das »P3D«-Programm in ein Stereogramm umgewandelt. Die Komposition ist derart chaotisch, daß das Ganze weniger einer 3-D-Abbildung als vielmehr einem Doppelbild gleicht.

HIMMEL UND ERDE

Himmel und Erde I–II von Kozo Ueda

I Ein geisterhafter Dunst steigt auf und entschwindet in den Wolken.
II Seltsame Wolken ziehen im Wind. Darunter breitet sich das Land aus.

Himmel und Erde III–V von Kozo Ueda

III Der Gegensatz zwischen Wüste und Meer.
IV Grand Canyon.
V Ein Wolkenzug von unten betrachtet.

Inhalt